구멍을 안고 사는 나무

지성·감성의 메타언어
조선문학시인선 · 734

구멍을 안고 사는 나무

김 지 호 시집

조선문학사

■ 책머리에_시인의 말

시(詩)의 향수

삶의 시계가
변화무쌍한 시대를 이끄는 동안
20년 지기(知己)가 된 시(詩)

향수가 향이 나야 제 멋이듯
나는 시에 향수를 친다

믿음의 향수
소망의 향수
기쁨의 향수
사랑의 향수
감사의 향수
평화의 향수

멀리
더 멀리 퍼지도록
신나게 행복하게 친다.

2022년 8월 생명이 춤추는 시집을 열며.

■ 추천의 말씀

'정관(靜觀)'과 '언어유희(言語遊戱)'와 '해학(諧謔)'

남대극
(시인·전 삼육대 총장)

  일찍이 두 권의 시집을 펴낸 김지호 시인이 세 번째 시집을 상재하려고 한다. 『구멍을 안고 사는 나무』라는 표제로 나오는 이 시집에는 아름답고 부드러운 시 84편이 3부로 나뉘어 수록되어 있다. 제1부 「하늘을 두루마리 삼아도」에는 25편의 신앙시 또는 서정시가 소복이 담겨 있다. 여기에 실린 작품들의 제목에 시인은 "보혈", "사도", "믿음", "기도", "십자가", "예수", "구세주", "방주", "갈보리"와 같은 기독교의 핵심 단어들을 두루 포함시켰고, "봄", "가을", "겨울", "4월", "5월"과 같은 계절이나 시절을 알리는 단어들을 제목의 일부로 사용하였다. 이렇게 함으로써 시인은 자신의 신앙을 계절에 따라 표현하며 노래하고 있다.

26편의 시를 담고 있는 제2부 「입맞춤의 온도」에서 시인은 가정의 일상생활에서 느끼는 행복과 체험을 은근하면서도 아름답게 표현하고 있다. "결혼", "딸", "입맞춤", "엄마", "영감", "아버지", "부부"와 같은 가족관계를 나타내는 언어들과, "나무", "김치", "박", "시장", "시(柿, '감')"와 같은 생활 주변의 사물을 가리키는 단어들이 시의 제목들에 포함되어 있다. 시인은 여기서 매우 행복한 아내와 어머니 그리고 딸로서의 삶을 조용한 필치로 구가하고 있다. 33편의 작품들이 수록된 제3편 「불변의 에너지」에서 시인은 그녀의 생활 전반에 걸쳐서 관찰하고 느낀 것들을 매우 잘 다듬어진 시어들로써 빚어내고 있다.
　이 시집의 원고를 읽으면서 나는 두 가지 사실을 특별히 감지하게 되었다. 첫째는 김지호 시인의 잔잔하지만 예리한 시선이다. 모든 시인들이 다 그렇겠지만 이 시집의 저자도 주변의 사물들을 바라봄에 있어서 아무렇게나 보고 지나쳐 버리지 않고 사물 하나하나를 조용히 응시하는 이른바 '정관(靜觀, contemplation)'의 시선이 이 시집의 여기저기서 느껴진다. 참으로 조용한 관찰이다. 이 시집이 보여주는 둘째 특징은 시인이 가지고 있는 유머 감각이다. 우리는 진지하고 엄숙한 작품들만 쓸 수는 없다. 그래서 김지호 시인도 '언어유희(言語遊戲, word play, pun)'와 '해학(諧謔, humor)'을 통하여 일상의 즐거움과 삶의 묘미를 그려주고 있다.

  이러한 특징을 지닌 이 아름다운 시집이 많은 독자들에게 조용한 즐거움과 깊은 공감을 선사할 것을 믿으면서 기쁜 마음으로 추천의 말씀을 쓴다.

2022. 8. 7.

구멍을 안고 사는 나무 차례

책머리에_시인의 말 / 5
추천의 말씀_남대극 / 6

제1부
하늘을 두루마리 삼아도

보혈의 공로 / 15
믿음의 막대그래프 / 16
사도 바울 / 18
새해의 기도 / 20
십자가 / 22
소원의 색 / 23
성산포에서 만난 예수님 / 24
꽃 그리고 십자가 / 26
예수 사시 연가(四時戀歌) / 28
제네시스 / 30
파리가 만난 구세주 / 31
평화의 방주 / 32
하늘을 두루마리 삼아도 / 34
하늘과 땅 / 35
봄이여 나팔을 불라 / 36
봄의 왈츠 / 38
벚꽃이 전하는 편지 / 39
갈보리 언덕에서 / 40

4월의 메아리 / 41
5월의 캡쳐 한 컷 / 42
가을엔 걷고 싶다 / 43
벌거벗은 단풍나무 / 44
겨울에 만난 소나무 / 45
하얀 가을 / 46
설의(雪衣) / 47

제2부
입맞춤의 온도

결혼기념일 / 51
기다림의 미학 / 52
딸 / 53
입맞춤의 온도 / 54
울 엄마 / 55
영감, 영감 / 56
아바 아버지 / 57
사당동의 유년 / 58
부부 / 60
시·시 / 61
시(詩) / 62
시와 노는 시간 / 63
시간은 / 64
시공간의 초월성 / 66
소망 / 68
겸손 이정표 / 69

구멍을 안고 사는 나무 / 70
그 날이 오면 / 71
김치의 독백 / 72
동대문시장의 새벽 / 74
마른 박 하나 / 75
마이얼스 파크 / 76
무명 화가 / 78
마음 청소 / 80
몽로역정(蒙路驛程)・1 / 81
몽로역정(蒙路驛程)・2 / 82

제3부
불변의 에너지

바람 빗자루 / 85
바비의 이중성 / 86
바이올린 연가 / 87
별이 되어 / 88
벌 아파트 두 동 / 90
보름달 / 91
손으로 만드는 예술 / 92
빠져들다 / 93
불변의 에너지 / 94
산책로 / 96
성산포를 바라보며 / 97
소금꽃 / 98
소리와 침묵 / 99

스마트폰 / 100
신발 / 101
에버그린 20주년을 경축하며 / 102
연등이 바람에 흔들릴 때 / 104
옥수수 / 105
우수수 / 106
티티티 / 107
이상한 단어 / 108
지구 유람선 / 110
추억 여행 / 112
코로나19 / 114
펄럭인다 / 115
피가 보인다 / 116
코감기 / 118
하트 / 119
행복 도장 찍는 날 / 120
호떡 주세요 / 122
홍시 먹는 참새 / 123
가로등을 보며 / 124
N극과 S극 / 125

제4부
시집 평설

따뜻한 사랑의 형상화 돋보여_박진환 / 128

제1부
하늘을 두리마리 삼아도

보혈의 공로
- 17자시

태초의 말씀
성육신하심
우리를 위해
오심

십자가에서
보혈 흘리사
대속했으니
감사.

※ 17자시 : 17자시는 한시체(漢詩體)의 하나인 '오언절구(五言絶句)'에서 결구 마지막 3언을 탈락시킨 변체시(變體詩)이다. 서울대 출신 이규호 교수는 이를 바탕으로 한글 4행 17자시(5언+5언+5언+2언)를 창안하였는데, 짝수 행 마지막 글자에 압운(押韻)하는 것도 한문 17자시와 동일하다.

믿음의 막대그래프

세상기류 흐르는 속도에 따라
믿음의 강산도 옛 모습이 아니다

진리로 출렁이던 방주는
세풍으로 거칠게 풍랑이 일고

구멍 난 낙엽의 병폐와 같이
공허한 구멍을 안고 가는 늪지대

뜨겁던 가슴은 마비되고
감각을 잃은 무쇠가 되어 움직일 줄 모르고

사랑으로 데우던 가슴은
목소리만 크게 외치는 녹음기가 되어
말씀 중심 하나님 중심의 이론은
세상과의 혼재로 뾰족해 간다

통회와 긍휼의 눈물
감사의 눈물은 사라지고
장신구처럼 매달린 눈물샘

말씀이 육신이 되신 그분은
불변의 진리로 오실 날 가까운데
홍진(紅塵)의 그늘 속에 묻힌
믿음의 막대그래프는 뚝 떨어진다.

사도 바울

광풍처럼 폭도가 되어
그리스도인들을 찾아 결박하고
시원한 나무 그늘에서
여유의 미소를 지었지

질풍노도하며 다메섹으로 가던 중
주의 빛이 사울의 눈을 통과하자
어둠이 안대가 되어 눈을 가렸지

주님의 명령대로 아나니아의 안수 후
비늘 같은 죄악 덩어리 쏟아지자
영안이 트이고 예수바라기 되었지

자랑할 건 십자가뿐이라며
곳곳마다 예수만 전하고
모든 것을 배설물로 여겼지

가시밭길을 걸어도
심장 안에 그리스도 사시니
담대함이 하늘을 찌르는 분수 같았지

주님 오시는 날이 언제일까
그날엔 부활의 몸으로 피어나리라.

새해의 기도

태양처럼 비추는 자 되게 하소서

외나무다리에서 원수를 만나도
상대를 배려하는 자

말씀으로 충만하여
성령의 네비게이션을 아는 자

일곱 번 넘어진 자 세워 주고
일흔 번의 일곱이라도 용서하는 자

날카로운 화살 앞에서
화평을 이룰 줄 아는 자

하나님의 눈으로 바라보고
예수님의 심장으로 보듬는 자

구름기둥 불기둥으로 인도하시는
하나님의 인자하심을 아는 자

재물과 명예에 어둡지 않고
진리의 전신갑주를 입고
진리의 기별 전하는 자
그런 그리스도인 되게 하소서.

십자가

긴 터널 지난 후
밝은 미래를 약속하신
불변의 사랑 선물.

소원의 색

내 마음이 도화지라면
백색이 되고 싶다

내가 하얀 물감이라면
아토피로 수놓은 몸을
흰색으로 채색하고 싶다

내가 눈발이라면
아픔의 발자국들을
하얗게 도배하고 싶다

내가 의사라면
환자의 마음에
심지처럼 박힌 트라우마들을
하얗게 치유하고 싶다

내가 날개 달린 천사라면
한순간에 하늘로 날아올라
예수님 품에 안겨
그 분의 순백의 사랑을
온몸에 각인하고 싶다.

성산포에서 만난 예수님

파도가 장난질 하네
포효하며 툭툭 치고 올라오네
왼쪽 뺨 때리고는 오른뺨도 대라하네
이리치고 저리치고 또 치려하네

수치와 모욕
냉대와 멸시 참으시고
부끄럼도 이겨내시더니
하늘 영광 보좌에 앉으셨네

"내가 주께 범죄치 아니하려 하여
주의 말씀을 내 마음에 두었나이다"*
라는 말씀 귀담아 새기고
주님의 십자가를 바라보네

어둠이 걷히면
저 철모르는 파도들도
침묵의 바다에 돌을 던지지 않겠지
돌 맞은 사마리아 여인에게

구원을 알게 하신 예수님처럼
고요히 말하겠지.

※ 시편 119편 11절.

꽃 그리고 십자가

달콤한 사랑을 담아 바람으로 전하는
벚꽃

변하지 않는 사랑하고 싶다며
황금으로 옷 입은
개나리꽃

장미보다 진한 향기로
울타리를 치고 있는
라일락꽃

수줍다며 얼굴을 붉히면서도
환히 웃고 있는
장미꽃

어두운 세상 덮어 주고 싶다며
한겨울에 소복소복 내리는
눈꽃

찔리고 찢겨 만신창이 되어도

꽃향기보다 진한
십자가꽃 사랑꽃.

예수 사시 연가(四時戀歌)

기다리던 봄처럼 아기 예수 탄생하셨네
손과 발을 움직이며 밝게 웃자
베들레헴 마구간이 대낮처럼 환해졌네

하늘의 지혜로 성장한 청년 예수
병든 자와 가난한 자, 슬픈 자
희망 없는 자들에게 목마름을 해소해 주는
시원한 생수가 되셨네

낙엽처럼 쓸쓸히 가신 님
온갖 열매 수확의 기쁨처럼
부활의 기쁨 얻으시고
재림의 소망 남기신 후 승천하셨네
오순절 성령강림은 단풍보다 뜨거웠네

겨울 숲속처럼 차가운 세상에서
"진실로 내가 속히 오리라."* 는
약속의 말씀 붙잡은 제자들
약속은 기다림이 되고

기다림은 그리움이 되었네
우리도 그 그리움을 안고 사네.

※ 요한계시록 22 : 20.

제네시스

창세기*가 말한다
태초에 하나님이 천지를 창조하셨다고

제네시스가 말한다
현대자동차가 자신을 만들었다고

창세기는 하나님을 믿는 자가 알고
제네시스는 타 본 자가 안다

창세기는 하나님의 감동으로
제네시스는 사람의 기술로 이루어진 객체

출생이 다른 두 객체가
창조주의 이름을
현대자동차의 이름을 알린다.

※ 창세기 : 구약성경의 첫 권으로 영어로 '제네시스' 라고 함.

파리가 만난 구세주

에어컨 바람이 모자란 공간에서
힘차게 목 운동을 하는
대형 선풍기

고개를 흔들며 위험 사인을 하건만
모르는 척 다가와
폭염에 지친 몸을 힘차게 던지는
똥파리 한 마리

자석처럼 달라붙어
낙원을 즐기는 똥파리의 행복

포도나무인 그분의 몸에
가지가 되어 떨어지지 않으려는 마음
그 누가 알까

지친 세상
한 마리 파리가 구세주를 만나
안식을 누린다.

평화의 방주

세 천사의 기별을 실은 배가
세상을 향해 나팔을 불며 간다

다시스로 가던 배에서 돌이켜
고요한 순항이 되어
하나님의 섭리 따르는

새로운 도약의 각오와
오래전부터 이어온
하나님의 뜻을 전하는 항해

믿음의 선봉자들
영성의 물결이 잔잔히 퍼져
거센 파도 치지 않는

올림픽 봉화의 불꽃이 아닌
성화(聖化)의 불꽃들이 피어나
하나님의 나라 이루어 가는

성령(聖靈)의 띠로 하나 되어

진리와 포용의 돛을 단
영원한 복음의 배

복음을 실은 방주가
어두움에 빛을 비추기 위해
급물살을 헤치며 간다.

하늘을 두루마리 삼아도

겨자씨보다 작은 믿음과
이슬 같은 체력 가운데서도
소명 기억하게 해 주심에
감사합니다

물결 타는 음표처럼
오르락내리락하는 삶 속에서도
찾으면 손을 내밀어 주시니
감사합니다

하늘을 두루마리 삼아 쓴다 해도
그 사랑 남게 하심에
감사합니다

마음 문 먼저 열고 오시는
주님의 음성 들으라고
날마다 어두운 귀 열게 하시니
감사합니다.

하늘과 땅

하늘을 바라볼수록 땅은 멀어지고
땅을 바라볼수록 하늘은 멀어지네

하늘 가는 길은 좁아지고
땅으로 가는 길은 넓어지네

어디로 향할까
마음은 하늘을 향하는데
발이 땅에서 떨어지질 않네

생명수가 흐르고
생명과가 있으며
생명이신 아버지가 계시니

저 하늘 문 열고 가고 싶구나
영광이 찬란한 그곳에서
아버지와 손잡고 걷고 싶구나.

봄이여 나팔을 불라

그래
일어나야지
겨우내 어둠속에서
이 날을 기다렸지

너의 두 손이 저 하늘에 이르도록
기지개를 활짝 켜고
일어나야지

한결 몸에 생기가 돌 거야
소나기 안마해 주고
이슬비 토닥여 주니

일어나거라
마중 나오는 사람들이
기쁨으로 노래하며
너를 반기는구나

창조주이신 하나님이
날개를 달아주고

여기저기 소식 전하라 하시니

이제 움츠려 있던 네 마음
나팔 불며 하나님 사랑 전해야지
그래야지.

봄의 왈츠

음지에서 희망하던 꿈
왈츠로 날개를 단다

푸른 잎들이 새롭게 살랑거리고
꽃들은 너도나도 단장한 얼굴을 하며
사랑을 노래한다

창조주가 기획하고 지휘하는
봄의 왈츠

호흡하는 자의 가슴마다
산소 같은 천연계 악보가
다이돌핀으로 스며든다.

벚꽃이 전하는 편지

메마른 계곡 바닥
갈증을 달래주려 내린
감우(甘雨) 촉촉하다

하얀 천사들 말없이 내려와
소망의 글 써 내려가자
새들은 편지를 훔쳐보며
응원가를 부르네

봄 마중 나온 여인
빼곡히 쓴 편지를 읽으며
사랑 메시지 대필한 벚꽃에게
고마움의 셔터를 누른다.

갈보리 언덕에서

님 떠난 갈보리※에서
지난날들을 그려보며
눈물에 젖는 날

소리 내어 불러 보아도
떠난 님은 대답이 없고
허공의 여운만 맴도네

붉은 몸이여
영원한 사랑이여
피맺힌 절규여
갈보리의 소리여

님이여! 님이여!

※ 예수님이 십자가에 못 박혀 죽으신 언덕으로 골고다라고
도 한다.

4월의 메아리

철화(鐵花)도 민초에
밀려 낙화할 때가 있습니다

우왕좌왕하던 역사가
평행선에서 이탈하자
두 주먹을 불끈 쥐고
거리마다 외치던 함성
성난 해일이 되어
곳곳에 넘쳤습니다

오뉴월 서리보다 강했던
민주주의의 메아리

4월 혁명은 역사에 살아
영원히 흐릅니다.

5월의 캡쳐 한 컷

하늘과 땅 사이에서
현대적 감각을 일으키는
나비의 나폴거림

애교 떠는 날갯짓에
사랑스런 눈빛으로
쳐다보는 고양이 한 마리

왼쪽 오른쪽 위로 아래로
아이보리 날개를 따라
포획할 마음은 잊은 채
바쁜 야옹이의 눈동자

사랑스런 움직임에
5월이 왈츠를 추며
덩달아 활짝 웃는다.

가을엔 걷고 싶다

가을이 떨어진 위로
사각사각 들리는 소리

이팔청춘 퇴색해도
너를 만나면
짙은 안개 속에 숨어 있는
청춘의 화원이 그립다

노을이 깊어가듯
농후한 미(美)를 발산하는 너와 함께
추억을 더듬고
새로운 추억을 만들며
걷고 또 걷고 싶다.

벌거벗은 단풍나무

겨우내 벌거벗고 추위에 떨던 단풍
여전히 벗었는데 반짝이는 것이
대롱대롱 열매처럼 달려 있다

강원도와 울진의 산불이 두려워
흐르는 눈물인 줄 알았는데
손사래치며 하는 말

그 불들을 끄는 비가 와서
자신은 춥지만
감사의 눈물이 난다 하네

옷을 입으면 단풍나무인데
오늘은 빛나는 눈으로
감동을 주는 나목이다.

겨울에 만난 소나무

눈이 내리면
지난날 발자국들이 생각나
가슴에 파문처럼 번지는 미소

얼굴을 위로 향해 하늘을 보면
사르르 녹아드는 솜사탕처럼
달콤한 추억들이 몸에 스며든다

걸을 때는 마음의 입꼬리가 올라가고
배웅해 주는 그대의 손길이 따스해
헤어짐은 아쉬움이었지

모든 걸 품은 바다처럼
한결같은 마음은
감동의 파도가 되어 출렁거렸지

그대가 내 앞에서 웃고 있네
인생의 반려자인 한 그루 소나무로
등을 받쳐 주네.

하얀 가을

영정 앞에서
눈물을 흘리고 누워있는
하얀 국화더미

한 사람 두 사람 올 때마다
누워있던 국화가 영정 앞에 서며
어차피 잘린 몸 여기까지 왔으니
자신도 죽은 몸이란다

아무리 발버둥 쳐봐도
한 번은 죽을 몸
너도 언젠가 죽을 몸이라며
마음 비우란다

장례식보다 더 구슬픈 국화가
장례식의 가을을
하얗게 물들인다.

설의(雪衣)

젊음의 상징 푸른 잎 내리고
겨울을 맞이한 나목의 숲은
메마름으로 까칠하다

설의(雪衣)는 입을 자를 찾고 있다
의에 주리고 목마른 자
마음이 온유하고 긍휼히 여기는 자
마음이 청결하고 화평케 하는 자
하늘 옷으로 충만하도록

순결한 옷을 입은 숲이
하얀 이를 드러내며 웃는
에덴의 얼굴이 된다.

제2부

입맞춤의 온도

결혼기념일

"사랑합니다"라는 남편의 목소리
하루의 행복이 꽃다발로 다가오고

남편의 선물 공세에
아내의 마음은 환희의 춤을 추며

남편의 정감 있는 포옹은
차가운 가슴을 따스하게 만들고

단출한 핵가족의 축하는
추억의 한 장면

행복이 따로 있을까.

기다림의 미학

누군가 앉아있던 빈 의자
다시 오기를 기다리며
고개를 내밀고 쳐다본다

가을을 물들인 잎들은
내년을 기약하고
하나둘 떨궈내건만

다시 오신다는 약속의 말씀
이제 오실까 저제 오실까
손꼽아 기다려도 오지 않는 님

우리가 가고 난 빈자리
다음 세대가 앉아
그날을 기다리겠지

평생을 기다려도
그 기다림은 지치지 않아
비울수록 간절하지.

딸

눈을 보고 있으면
샘솟는 분수야

이름을 부를 때면
황금 커텐이 열리는 것 같아

손만 잡고 걸어도
진주 팔찌

발자국 소리 들어도
하늘이 다가와

너의 목소리는
우주의 부름이야

네가 옆에 있다는 것
한 줄기 빛이구나.

입맞춤의 온도

팬데믹 상황 속에서
입맞춤은 쉬지 않는다

코로나19의 조종을 받으며
남녀노소의 입술을 훔치는 마스크

한여름 한겨울에도
장소 불문하는 사랑꾼

수줍은 입술을 감춰주는
마스크의 센스

일방적 입맞춤으로
입술은 365일 당해도
사계절 입술의 온도는 36.5도.

울 엄마

박속 같던 하얀 얼굴
95세의 오선 나이테가
길을 만들고
수박씨 같은 음표가 춤을 춰도
아기같이 예쁘다.

영감, 영감

할머니가 영감을 부르신다
추억의 정 살아나
가신 님 보이지 않아도
그리움은 영감을 부른다

나도 영감을 구한다
시로 사랑 전하고 싶어
보이지 않는 하나님께
영감을 주시길 기도한다

할머니의 영감(令監)
하나님의 영감(靈感)
육과 영이다.

아바 아버지

생명싸개가 되사
아골골짜기 세상에서 보살펴 주시고

구름양산으로
세상 따가운 눈총볕 막아주시며

가시떨기 같은 세상
말씀으로 승리하게 하시고

믿음의 여권 날마다 갱신하여
성령으로 거듭나게 하시는
야훼.

사당동의 유년

사당동에 가면 유년이 살아난다

마당 한가운데 서 있던 펌프가 수도로 바뀐 뒤
아픈 날 없이 유쾌하게 쏟아지던 물줄기는
엄마들의 얼굴에 웃음꽃을 피웠지

장대비가 쏟아지는 날이면 옥상에 올라
커다란 우산 두 개로 작은 집을 만들고
언니와 소꿉놀이에 옷이 흠뻑 젖었지

토끼처럼 껑충거리며 고무줄놀이를 하다가
구슬 따먹기로 구슬이 모아질 땐
무지갯빛 기쁨도 모아졌지

아버지는 늘 웃는 모습으로
환자에게 침을 놓아주셨고
엄마는 봉숭아꽃으로
언니와 내 손톱을 물들여 주셨지

나를 키워준 고향집이

주택문화의 물줄기에 휩쓸려 가고
이제는 거대한 문명인 아파트가
내 유년을 몽땅 삼켜버렸지

아직도 이름만 바뀐 소원약국이
나를 반겨주고
가슴 한 자리엔 사당동이 숨어 있다.

부부

살아 있는 조각상
전대미문의 걸작품
흙으로 빚었기에 흙으로 돌아가는 날까지
웃고 울며 사는 동안 동행하는 한 쌍
미끄럼틀 같이 흘러내려 가지런한 콧날
물음표 같이 굽이치게 잘 다듬은 귀
마음을 속삭이느라 깜박이는 두 눈동자
갈매기 같이 그려놓은 양 눈썹
서로의 이름을 불러주며 확인하는 입술
검은 머리 파뿌리 되도록
함께 하라는 주례사의 말씀처럼
미운 정 고운 정 곱게 물들이어
시간 따라 함께 가는 남녀
숱한 아기별들이 총총히 태어나듯
별을 보고 아기를 낳는 남녀
아기에겐 부부의 유전자인
사랑 씨앗을 숨겨 놓는다지
누가 창조해 냈을까
이 명품을.

시 · 시

참새가 좋아하는 시(枾)
난 알지

참새야 너는 아니?
내가 좋아하는 시(詩)

너는 붉은 시
나는 글자 시

참새와 나는 시를 좋아해서
불타는 가을에
시(枾)를 먹고
시(詩)를 쓴다.

시(詩)

고통을 생산하다가
새로운 탄생을 가져오지

친구이므로 웃음을 주며
갈망을 해소시켜 주고
막힌 가슴을 시원하게 뚫어 주지

끝없는 그리움으로
영원히 바라보는 기다림인가?

소리 없는 말로써
마음으로만 보는 이미지를 표현하게 하며
언어에 날개를 달고 날아오는
희망의 친구

신과 인간과 자연과의 관계를
원으로 형성하는 우주다.

시와 노는 시간

새벽 두세 시경 눈꺼풀이 올라오면
시가 놀자고 마음을 두드린다

귀찮다고 고개 돌리면
귓가에 바싹 다가와 속닥거리고

접어둔 앨범 속 추억들을
눈앞에 비주얼로 모아 놓기도 하고

볼펜을 쥐어 주며
날줄과 씨줄로 글을 형상화 시킨다

깊이 자던 노트북도 일어나
톡톡 토도독 음악 소리를 들려준다

사유가 글을 만나 불을 지피면
용광로처럼 뜨겁게 달궈진 후
혜성처럼 나타나는 한 편의 친구

새벽에 시(詩)하고 노는 것도 행복이다.

시간은

누군가를 위해 존재한다
날마다 쉬지 않고 달리지만
자신만을 위해 달리는 것이 아니다
열심히 달리다가 가끔은 좌우를 보기도 하고
누군가를 쳐다보기도 한다
정해진 시간을 이탈하지는 않는다
철저한 계획을 짠 것도
미래를 위한 설계를 그려 놓지 않고도
끊임없이 달리고 또 달린다
KTX처럼 비행기처럼
가끔은 사고라도 날듯이 속력을 내도
빈틈없는 시간은 사고가 없다
때로는 뒤로 가고 싶을 때
시간을 내쫓고 싶어도 그럴 수가 없다
내쫓으려 하면 더욱더 찰싹 달라붙기도 한다
게으름 피우면 부지런히 달리라고
소리치기도 한다
다른 길로 갈 때면 시간 낭비라고
알려 주기도 한다
자기처럼 올바른 길로 가야

무사히 도착한다고 알려 준다
그림자처럼 따라다니며
순간을 체크하고 명령한다
참 고마운 친구다.

시공간의 초월성

투명한 창문이 벽을 이루어
시간과 공간을 나눈다

피골상접한 육신
공간에 갇혀 시간은 멈추고

창밖 세상은 발걸음 분주하여
넘치는 에너지를 발산하건만

작은 공간과 멈춰진 시간 속에서도
말씀이 육신이 되신 분을 만난다

잠겨지지 않은 또 다른 문을 열고
시간과 공간의 에너지원을 찾아간다

더 높고
더 맑으며
더 자유롭고
더 그리운 새 예루살렘

영원한 도성을 향해
기쁨의 나팔소리 들으며
생명의 원천으로 발걸음이 빨라지자

시간과 공간의 어두움이
해체되고
성령이 날개를 달아준다.

소망

예수님께로 가는 길목마다
전선보다 더 뜨거운
그리움의 선들이 이어져
오늘도 소망을 부여잡는다.

겸손 이정표

이기심과 교만을 가르치고
한길 외골수의 뜻이
꺾이도록 만드는 세상

한강은 오래 전부터 겸손을 연습하고
비 오는 날의 물줄기들은
한강의 겸손을 따른다

아래로 내려가다 보면
겸손의 원형
최후의 만찬
겸손예식의 주인공을 알아차릴까?

한강은 겸손을 이정표 삼으라는
그분의 말씀을
내려오는 빗줄기에게 말하며
심장에 새기라고 묵언(默言)을 한다.

구멍을 안고 사는 나무

욕창이 났던 부위를 도려낸 것일까?
구멍이 커다란 나무에 들어가 있다

보다 못한 이끼가
옷감이 되어 덮어주려 하지만
미치지 못하여 애가 탄다

구멍엔 오아시스처럼 빗물이 고이고
빗물은 엄마의 젖이 되고
새는 젖을 먹는 아기가 된다

쓰라림을 참는 것은 사랑
사랑을 안고 가는 것은
엄마가 어머니로 성숙해 가는
삶의 단계.

그 날이 오면

고난의 문을 열고 나가면
감사라는 선물이 듬뿍 담겨 있어요

시련의 문을 열면
축복의 하늘이 환하게 웃고 있어요

가시덤불 문을 빠져나가면
초원이 넘실대며 춤을 추고 있어요

소망이 날아올라
산 정상에서 펄럭거려요

좁은 문 가파른 문 어두운 문도
넓은 마음으로 갈 수 있어요

그 날이 오면
모든 문들이 닫혀
새로운 에덴의 문을 열고
힘차게 뛸 거예요.

김치의 독백

치마를 입고 거꾸로 서 있어요
탐스럽다고 동네방네 팔려나가요

겉치레를 떼어내고
속을 가르면 겹겹이 입고 있는
여인의 자태

소금이 눈[雪]처럼 쏟아져 시들어 가면
온몸에 붉은 물감으로 채색해요
마사지도 하면서 치마 하나 뚝 찢어
입에 넣기도 하고
다른 사람 입에도 넣어줘요

오래오래 먹고 싶어
통 속에 집어넣고
나오지 못하게 뚜껑을 덮어요
주인만 먹고 싶을 때 열어준대요

나는 희망이 있어요
죽을 때까지 썩히지 않으며

끝까지 버리지 않고 먹어준다니

죽은 듯이 있을게요
마지막 순간까지
나는 주인의 것이니까요.

동대문시장의 새벽

화물차가 도착하면
남자는 어깨에 짐을 싣는다

굵은 비 사이로 세월이 지나는 속도를 재다가
남은 꽁초를 태우기도 하면서
동대문의 새벽은 환한 네온사인으로 흐른다

자식들을 가르치기 위하여
부모에게 효도하기 위해
미래의 창업을 위해
발이 닳도록 뛰어야 하는 새벽

남자의 가슴에 무수히 박힌 못
허허 웃으며 지나온 사막 길엔
진통제 해열제도 없다

오늘도 새벽을 이기며
바위처럼 무거운 짐을 지고
남자는 달린다.

마른 박 하나

거실 구석에서 무표정으로 있다

물기 마른 속으로 몸무게가 줄고
내장은 움직임에 따라
소리가 요란하다

흔들면 숨죽이고 있던
자기 음성이 튀어나온다

속이 완전히 비어가는 동안
욕망의 우물도 세월을 타고 비어가고
박속처럼 하얗던 어머니 얼굴엔
세월이 그어 놓은 오선 위에서
시간의 음표가 춤을 춘다

아직은 팔팔함을 자랑하고픈가
툭 하고 건드려도
쇠붙이 마냥 옹골진 몸으로
무표정하게 앉아 있다.

마이얼스 파크

즐비하게 선 보호수
오가는 사람들의 그늘이 되어
땀을 식혀준다

딸과 걷는 산책길
고목들은 딸의 추억과
뿌리처럼 얽힌 사연을 다 품고 있겠지

초록벤치 하나
어린아이 둘이 아이스크림을 먹으며
도란도란 수다를 떨다 간 자리에
모녀가 이야기를 주고받는다

우람한 나무들은
유학생들의 추억어린
에피소드도 알겠지

10미터쯤 되는 원뿌리 하나
밖으로 나와 풀들과 대화를 즐기고
고목 옆에 있으면

개미보다 작은 미물이 되지만

마이얼스 공원 유치원 옆에서는
일곱 난쟁이의 백설공주가 된다

아늑한 길과 함께
첩첩이 쌓인 영상들은
언제쯤 재생할 수 있을까.

※ 마이얼스 파크 : 뉴질랜드 시티에 있는 작은 공원.

무명 화가

사막에 그림을 그리는
바람의 손이 있다

동쪽 바람이 휙 지나가면
요술처럼 바뀌는 그림

손을 꼭꼭 숨겨놓다가
아무도 모르게 와서
창작하는 예술가

폐교와 폐공장에 예술혼을 태우며
생명력을 피워내는 예술가도 있다

혼불이 활활 타오르는 창조는
잠자던 생명을 춤추게 하고

무명 화가가 지나간 곳마다
작품들 모여 전시회를 열자

오가는 관객들

걸작이라 박수를 보낼수록
예술 작품들이 크게 호흡한다.

마음 청소

미련 남아 쌓아 둔
세상 찌꺼기들 버려야지

버리다가 아까워
다시 쌓아둔 욕심덩어리는
쓰레기 허상

정리해야지
버려야지
비워야지

보이는 것만 쓰레기인가
마음을 어둡게 하는 것은
동류 껍데기

쓸고 닦아야지
햇볕에 반짝이는 유리알처럼.

몽로역정(蒙路歷程)·1
- 17자시

먼 몽골에서
사랑의 복음
펴고 또 펴는
마음

열두 전도단
빛을 발하러
힘차게 가세
어서

세찬 비바람
가시돌밭길
모두 이기니
복길

축복의 통로
하늘 문 열어
개가 부르세
어서.

몽로역정(蒙路歷程)·2

영화처럼 선명한 밤하늘
견우와 직녀의 해후가
가슴을 냉수마찰 해주는
광활한 초원

그곳에 열두 제자 모여
영혼을 불태우며 힘차게 외쳤네

복음의 씨앗들 새 생명 향하여
움트고 열매 맺었네

감사하여라 수고여
고진감래의 귀한 맛

하늘의 축복이 소나기 되어
몽골초원을 적시는구나.

제3부
불변의 에너지

바람 빗자루

숲속 한가운데 만들어진 길
수북이 쌓인 낙엽들을
바람 빗자루가 양 갈래로 치워 주니
발걸음에 미소가 달린다.

바비의 이중성

어린이들에게 센세이션을 일으켰던 그녀
미스 아메리카를 연상시킨다

2020년 새로이 출격한 동명 바비
강렬한 퍼포먼스를 하며
회오리를 몰고 카리스마를 뿜어댄다

여성스런 원조 바비
남성적인 2020년 신 바비

유혹과 야욕의 두 얼굴로
2020년이 흘러간다.

바이올린 연가

왼쪽 어깨 위로 너를 올려 놓는다
왼손으로 너의 목을 어루만지고
너의 엉덩이에 왼쪽 뺨을 댄다
나의 오른손으로 너의 심장을
긴긴 활로 터치한다
너는 포르티시모로 허공을 날고
피아니시모로 숨죽인다
공간을 울리는 너의 황홀한 소리에
바람도 멈추고 귀를 세운다
하나의 노래에 하나의 울림으로
나는 너의 속으로 빠져든다.

별이 되어

누가 당신을 죄인이라 불렀나요
누가 당신을 사형수라고 말했나요
당신을 볼 때마다 온화한 품성이
온몸을 휘감고 있는데

왜 감옥살이하는 죄수처럼
죄인과 사형수로 낙인찍혀
형장의 이슬이 되었나요

눈을 감는 순간도 원수를 사랑하는 마음
"아버지 저희을 사하여 주옵소서
자기의 하는 것을 알지 못함이니이다"*

당신의 사랑은 죽인 자들의 가슴에 살아
세상을 향하여 향기가 되고
우리들 가슴에 스며들었네요

어두운 세상을 향한 당신의 사랑은
우리의 별이 되어
세상을 날마다 비추고 있네요.

금면류관을 쓰시고 오실 당신의 모습은
눈부시도록 찬란한 영광의 빛으로
수를 놓으며 오시겠지요.

※ 누가복음 23 : 34.

벌 아파트 두 동

서재 창문 꼭대기 좌우
커다란 새 아파트 건축하여
벌들이 분양해 산다

특수 부대원인 양
모두가 같은 옷을 입고
지킴이 외엔 방콕 중

119에서 초토화시키자
한순간에 무너지는 벌집

고향을 못 잊어 찾아와
무너진 곳 수보하려 하다가
빙빙 돌며 냄새 맡더니
새로운 아파트를 찾아 떠나는 벌들

에덴을 그리워하며 사는 무리들도
그 날이 오면
새로운 보금자리 에덴으로 모이겠지.

보름달

어두운 곳에서만 널 알 수 있지
낮엔 실컷 낮잠 자고
밤을 밝히는 등불

어두운 자는 어두움을 좋아해
너의 밝음은 어두움엔 낯설지
어두움을 이기기 위한 너의 몸부림은
더욱 환한 세상을 만들어

코로나19라는 어둠이
세상을 점령해도 두렵지 않아
너 하나만의 밝은 마음만으로 충분해

오늘 밤은 너의 모습 보며
내 마음도 환하게 비상한다.

손으로 만드는 예술

분재 식물원 문을 열면
피톤치드 향기가 콧속을 간지럽힌다

굵고 가느다란 가지 위로
묘하게 태어나는 모습들

수족은 가끔 잘려 나가고
철사로 꽁꽁 묶이지만
주인의 애정 어린 손길로
상처를 치료받는다

오랜 시간의 흐름 속에
잔병치레도 많지만
사랑의 눈빛 교환하며
보듬어 주는 손이 있어
새롭게 드러내는 환상의 자태

다가가는 사람마다
감탄사를 연발하는 바람에
분재도 알아듣는지
모두들 미스코리아인 줄 안다.

빠져들다

화가의 손이 오갈 때
생각들이 알록달록 물들어 간다

가을은 스스로 물을 들인다
누가 가을을 화가라 칭하지 않겠는가?

한 여인이 물든 가을에 취한다
술은 마시지 않았는데
왜 그렇게 취하는 것일까?

취해 쓰러져 있는 낙엽들
일어설 줄 모르고
취한 여인의 셔터 소리에
아무도 질책하지 않는다

취할수록 달콤한 맛
취할수록 황홀한 색
취할수록 빠져드는 추경(秋景).

불변의 에너지

그녀의 마음은 바다

'아' 하면 '아'라고
'어' 하면 '어'라고 호흡해 주며
추우면 따스한 난로가 되어주고
더우면 에어컨이 되어 주는 여자

수년 전 뇌졸중 악마는
그녀의 생각과 다리를
겨자씨만큼 빼앗고
안개 속으로 숨었다

그녀와의 만남과 이별은
기쁨과 함께 유리조각이 되어
온 마음을 찌른다

억만금과도 바꿀 수 없는
그녀의 엄마사랑은 불변의 에너지
긍정의 마스코트

이별의 아쉬움을 달래며
게이트를 향하는 발걸음이
천근만근이 되어 뒤돌아서
손을 흔들고 또 흔든다.

산책로

겨우내 잠자던 풀
보도블록 사이에서 환하게 웃는다

많은 사람의 발들이 밟고 또 밟아
찢기고 곪아 터져 죽어가더니
아무 일도 없었다는 듯
고개를 내밀고 쳐다본다

희망을 짓밟던 육신의 고통 속에서
죄 없이 짓밟혔던 십자가의 그분이
말씀하신다

"육체의 아픔은 견딜 만하지."
"일어서거라."

눈물로 맑아진 눈동자 속으로
감사가 새가 되어 날아온다.

성산포를 바라보며

에메랄드 넓은 가슴에
대낮부터 하늘의 별들이
때를 모르고 수를 놓는다

세상의 모든 허물들
그 가슴에 들어가기만 하면
맑아지고 빛을 발하는가

너의 푸른 가슴에
골골육신의 잔여물과
고통의 찌꺼기마저 잠수시켜
엔도르핀으로 채우고

물질하는 해녀의 그물망에
'평생 건강' 보증수표 선물로 담아
성산포 맑은 물 위로
솟아오르고 싶다.

소금꽃

8월의 뙤약볕
백색 타일이 반짝인다

솜이불 같은 깸파리* 위를 오가며
어른들은 미용 소금 채취에
햇빛 뜨거운 줄 모른다

유치원생들도 푹신함이 신기한지
넘어지고 자빠져도
웃는 소리는 바쁘다

밟아 주고 긁어 줘야만
신이 나서 솟아나는 간기

소금꽃이 수놓을수록
어른과 아이의 웃음소리는
들판을 뚫고 기차처럼 달려간다.

※ 깸파리 : 까팡이의 방언으로 질그릇의 깨어진 조각.

소리와 침묵

우산과 입맞춤하고
주루룩 낙하하는 굵은 빗줄기

침묵하고 있는 직선의 차도 위로
굉음을 내며 질주하는 차들

수직과 수평의 소리가
침묵을 방해한다

링거수액은 소리 없이 세로로 떨어지고
병실 침대는 가로로 침묵

가로와 세로의 정적을 깨우고
병실 천장을 뚫는
환자의 통곡 소리

수직과 수평의 소리와
가로와 세로의 침묵이 공존하며
세상은 이야기를 엮어 간다.

스마트폰

사람들은
스마트폰과 눈[眼]싸움을 한다

가정에서 전철 안에서 버스 안에서
거리 어디든 사람이 있는 곳이면
사람과 사람보다
사람과 기계가 사랑에 빠져 있다

목숨 건 엄지손가락과 눈동자가
보조를 맞추며 영상을 흡입하는 동안
화려한 색채에 마음 홀려
시신경의 감각이
거북이보다 느리게 됨을
눈치채지 못하는 사람들

사람 사이에 소통이 무너지는
스마트폰 시대가
익어가고 있다.

신발

외출할 때마다 발을 감싸주는
보호자

벗으면 앙꼬 없는 찐빵인 줄 아는지
집을 나설 때마다 함께하는
동행자

한마디 불평 없이 따라나서는
비서

계절은 바뀌고 시간은 바뀌지만
아무렇게나 벗어 던져도 주인에게
불평 한마디 없는

신발이 걷는다
발의 응원에.

에버그린 20주년을 경축하며

한 푯대를 향하여 달리고 달려
어느덧 성년이 되었습니다

서로의 마음을 보듬어 주며
섬김으로 하나 되고
말씀으로 하나 되며
기도함으로 하나가 되었습니다

그리스도의 사랑이 고리가 되어
사람과 사람이 이어졌습니다

마주보며 웃고 울던 지난날들
가슴속에 머릿속에 각인되어
추억의 주마등이 되었습니다

우정의 탑은 어느새
스무고개를 넘어왔습니다

믿음의 돛을 달고
소망의 포구를 향해

사랑의 노를 함께 젓는
너와 나는 형제자매
우리는 모두 한 가족

한결같아라
영원의 문턱을 넘는 날까지
늘 푸른 나무로 자라가는
우리는 진정한 에버그린
이름도 싱그러운 에버그린.

연등이 바람에 흔들릴 때

불국사를 휘감고
바람에 흔들리는 오색 연등

땅이 꺼지기라도 하듯
기어가는 차량 행렬 위로
눈치 없이 꼬리를 길게 달고
공중에서 실룩샐룩 댄다

수만 가지 소원들이
힐긋힐긋 보이는데
심술난 바람이 떼어 낸 이름표는
가랑잎 되어 구르고

불국사로 내려오는 길
더 늘어난 연등들이
단풍처럼 화려하지만
주인의 소원은
바람 따라가 버린 나그네.

옥수수

한 꺼풀 두 꺼풀 엷은 섶이 벗겨지면
숨어 있던 허연 속살이 드러난다

벗겨지는 순간마다
수줍음에 가지런한 몸을 사린다

평생에 단 한 번 벗어야 할 겹겹 옷
스스로는 벗을 줄 모른다

이슬로 감아 내린 머리카락으로
앞을 가려봐도
그마저 삭발해야 한다는 위기의식

온몸을 누드로 드러낸 식탁에서
알알이 나타내 보이는 마지막 물음

내 몸이 괜찮나요?
탐스럽나요?
먹고 싶나요?

우수수

동네 차도에
은행잎이 비 오듯 떨어진다

마지막 가을을 바라보며
황금 옷을 입고 펼치는 판토마임

살랑거리던 잎들
입동에 우수수 떨어짐은
우수수만 받은 모범생의 성적표

보는 사람마다 웃음 짓는 우수수.

티티티

옷 매장마다 티가 걸려 있다
긴 티 짧은 티 배꼽티
빨간 티 파란 티 노란 티
서로 침묵으로 폼을 낸다

진열대에선 티들이 각을 세워 서 있다
둥글레 티 메밀 티 생강 티
케모마일 티 쟈스민 티 레몬 티
컵 안에서 깊은 맛을 우려낸다

대화 속에도 티가 있다
잘난 티 센 티 예쁜 티
부한 티 건강한 티
행복한 티 명예 티 권력 티
다양한 티들이 춤을 춘다

티
티
티
잘못 내면 함께 안 논다.

이상한 단어

초등학교 남자아이가 입은 티셔츠 등쪽

ㅅEOUL
NEㅠYORK
TOㅋYO
PAㄹIS
ㄹONDON
MIㄹANO

한글+영어의 신조어?
글자가 읽혀지고 뜻이 통한다
누구의 아이디어일까?

안 되는 말이 되는 세상
순리를 벗어나면 튀는 시대
비범함이 눈에 띄는 세상
아이디어 뱅크 시대

걷는 자 위에 뛰는 자
뛰는 자 위에 나는 자

나는 자 위에 튀는 자
NㅠW IㄷEA BANㅋER.

지구 유람선

온 세상 사람들은 한 배[船]를 타고 산다

수십억 인구를 태우고
우주를 여행하는 세계 최고의 배

흑인종 백인종 황인종
다양한 얼굴색

한국어 영어 인도어
프랑스어 중국어 일본어
다양한 언어들

한복 양복
각각의 전통 옷과
현대 감각의 옷을 입고

토끼 같은 자 소 같은 자
용 같은 자 양 같은 자
거북이 같은 자 호랑이 같은 자
원숭이 같은 자 말 같은 자

다양한 성품의 사람들

하나님이 자기를 창조하셨는데
아는지 모르는지
서로 다른 객체가 되어 산다

인구 초과로 언제 전복될지 모르고
울고 웃으며 인생 항해를 하는
최고의 관객이 탄 배가 항해한다.

추억 여행

눈이 내리는 날
떠오른 추억 둘

첫 번째 추억
눈을 밟으며 모녀가 나누는 대화 소리

"엄마, 뽀드득거리는 소리가 엄마가 나를 사랑한다고 하는 소리 같아"
"그래? 엄마는 우리 딸이 신나게 노래하는 소리로 들려"

두 번째 추억
눈을 밟으며 나누는 부부의 대화 소리

"춥지? 손 이리 줘봐"

아내의 왼손을 잡고 자신의 주머니에 넣는 남자

"날씨는 춥지만 당신이랑 걷는 이 길이 따스해."

남편의 발자국 위에 아내의 발을 포갠다.

추억 속에서 내리던 눈이
사랑의 대화에 발레를 한다.

코로나19

보이지 않게 침투하여
세상을 공포로 들썩이게 하는 녀석

코로나 입만으로 부족하여
핸드터치로도 옮긴다는 바이러스

성경에 예언된 대로
말세의 징조로 태어난 전염 균종

코로나 같은 위험 균이 또 있지
교만과 이기심의 늪에 빠져
허우적대는 루스벨종

세상엔 있으면 안 될 종자들이 많아
코로나와 루스벨종은
전염시키는 균이라는 공통분모

안개처럼 동시에 사라지면
세상은 평화의 폭죽으로 환해지지.

펄럭인다

하나의 커다란 태극기가
햇빛에 반짝이네

바람에 리듬을 맞춰
손을 높이높이 드네

유관순과 삼일절 투사들을 따라
함께 만세창을 하네

전국 동서남북 방방곡곡에
만세라는
벅찬 소리 메아리로 퍼지네

혼자 걸려 있어도 외롭지 않다네
대한민국 국민이 전 세계에서
지켜 주고 있으니

힘이 솟구치네
얼이 담긴 태극기가
공중에서 신나게 외치네
대한민국 만세!

피가 보인다

망막 신생혈관이 반란을 일으켜
피바다가 된 오른쪽 눈[眼] 속

보이는 것은 피뿐
왼쪽 눈을 가리니
집 안의 물건들이 사라지고
옆에 있는 남편마저 사라졌다

누가 붉은 물감을 눈 속에 풀어놓았는가
모든 것이 사라졌지만
그 피는 눈 속에서 나를 노려본다

악마에게 사라지라고 소리치는 대신
십자가 앞에 무릎 꿇으니
돌아온 대답은 고린도후서 12장 9절*

절규의 늪에서 잠시 헤매이다
안 보이는 것도 감사하다고 하니
평안과 감사의 눈물이

가슴을 타고 온몸을 적신다.

※ "내 은혜가 네게 족하도다 이는 내 능력이 약한 데서 온
전하여짐이라"

코감기

뚝
뚜욱
주루룩
맑은 액체
일직선으로
떨어져 휑 하고
풀고 또 풀어봐도
멈출 줄 모르는 세균
뚜
!
우
!
욱
!

하트

노트북을 열면
잠자던 아이들이 일어난다

스마트폰에서 노트북으로 이사온 후
넓어진 공간에 신이 났다

흥겨운 노래로 나누는 웃음은
산소 같은 활력소
비타민 C 같은 엔도르핀
행복 바이러스

Ppt에서 슬라이드로 쏘아 올리는 공간에서
신나게 춤을 추는 사랑꾼들

사랑에 물들어 가는 시간
행복꽃 웃음꽃이
눈송이처럼 스며든다.

행복 도장 찍는 날

함박눈이 안개꽃으로 내리는 날
우산 속에서 걷는 발들이
사각사각 리듬을 탄다

머리가 젖도록 눈싸움하는 아이들과
플라스틱 눈썰매 위에서
숨이 차도록 깔깔대며
동심을 즐기는 아이들을 따라
나목들도 덩달아 설의(雪衣)로 치장한다

공원에 앞서간 두 개의 발자국
그 발자국을 따라
두 개의 발자국이 포개어간다
왼발 오른발 하나 둘 포개어 가는 것은
부부의 행복 도장

동심이 부러웠을까 텅 빈 의자 위에
네 개의 발자국을 사인한다
왼발 오른발 발자국 위로
하늘이 내려와 쌓인다

한참을 걷다가 둘이서 뒤돌아본 길
추억들이 눈 속에 묻힌다

강설이 그치면 추억은 물이 되어 흐르고
발자국은 바람이 쓸어 가지만
둘이는 또 다른 추억의 문을 열어 간다.

호떡 주세요

포장마차에서 부부가 달덩이 호떡을 판다
남자는 반죽을 조물거리다가
속을 넣고 열판 위에 얹는다
아내는 남편의 손놀림을 구경하며
소리 없는 응원을 한다
지나가던 모녀가
호떡 2개 주세요 하자
여자 주인은 가격표를 가리키며
미소를 짓는다
가격표는
2개 1000원 5개 2000원이라고
입소리를 대신한다
여인이 손가락 5개를 펴자
농아 부부의 함박웃음이
호떡 속으로 들어가서 구워진다
한 입 깨물면
부부의 행복 향기가
호떡 밖으로 삐져나온다.

홍시 먹는 참새

감나무에 매달린 홍시 세 개
새들을 위한 영양식
아침형 참새가 신나게 먹을 때
달콤하게 먹는 참새의 모습에
나의 마음도 달다.

가로등을 보며

어두움 속에서 밝히는 빛
그 빛은 사막의 오아시스

빛이 어두움에 비춰되
어둠이 깨닫지 못하나
빛은 어두움을 뚫고 밝힌다

천천만만의 나팔소리와
찬란한 영광의 빛이
어두움을 촛농처럼 녹이는 날

어두움은 물러나고
영광의 빛난 옷을 입고
새 예루살렘에서 님을 만나겠지.

N극과 S극

아무도 보이지 않는 성전 안
두 손을 모으고 고개를 떨구며
뜨거운 감사의 눈물을 흘립니다

날짜 없는 언약의 날을 기다리며
목마른 그리움을 부르짖는 시간

"나는 너를 사랑한단다.
용기를 내어라."

어깨에 손을 얹으시며
별보다 영롱한 눈과
순결한 모습으로 다가와 말씀하십니다

거룩한 임재 앞에 있는 심령이
벅찬 환희의 불로 뜨거워집니다

영광의 N극인 주께
떨어지지 않는 S극이 됩니다.

제4부

시집 평설

■ 시집 평설

다양한 시법의 시도와 시적 모색

박진환
(시인·문학평론가)

전제

80여 편의 시를 3부에 나누어 게재하고 있는 김지호 시인의 3번째 시집 『구멍을 안고 사는 나무』는 평범한 일상의 진술이거나 신앙의 발로 같이 보이지만 그 내면엔 간과할 수 없는 다양한 시법의 시도와 시적 모색의 꿈틀거림이 생명하고 있음을 발견할 수가 있다. 언뜻 보기엔 의도되지 않는 담담한 시적 진술 같은 시편들은 편편마다 무엇인가를 시도하고 있음을 발견하게 되고 또 부단히 모색하며 실현하고자 하는 시적 몸부림을 보여주고 있다. 그중에서도 간과할 수 없는 몇 가지만을 제시, 시집 『구멍을 안고 사는 나무』로 실현하고 싶었던 시법과 시로써 실천하고 싶었던 시인의 의지를 살펴보기로 한다.

첫째 시인이 시도했거나 실천하고자 했던 시법으로 형이상시의 전매특허품이었던 양극화·편 그리고 지적조작으로서의 원인적 비유 같은 것을 제시해 볼 수 있을 것으로 본다.

두 번째로는 시간의 공간화나 무형의 것을 공간화함으로써 형상으로 재구성해 내고 있다는 점과 러시아 형식주의자들의 전매특허품인 낯설게 쓰기나 변용의 수법도 가볍게 넘길 부분은 아닐 것 같아 언급해 보기로 한다.

세 번째는 독실한 기독교 신자로서의 시인의 발원이 일상적 신앙인의 교의적인 추종과는 달리 신앙의 반성을 통한 신앙인의 자세를 새로이 요구하고 있어 이 부분에 대한 언급도 곁들여보기로 한다.

첫째 형이상시법의 몇 가지 단면

시집『구멍을 안고 사는 나무』에는 17세기 형이상시인들이 즐겨 자신들의 시에 구사했던, 그리고 20세기 들어 미 시카고학파들이 재조명을 통해 제시했던 형이상시법이 눈에 띈다. 형이상시법에의 관심에서 시를 출발시켰거나 그렇게 함으로써 신시학파의 시법에 충실이고자 했던 데서 시를 출발시켰던 것으로 추정하게 하는 부분들을 제시해 보기로 한다.

형이상 시인들이 즐겨 자신의 시에 구사했던 시법은 주지하다시피 컨시트 시학이 요구하는 양극화·펀·골계와 같은 시법들은 20세기 신비평이론에서는 시를 그중 시답게 하는 시법으로 재조명을 통해 제시한 바 있다.

컨시트는 기발한 착상이다. 그 누구도 도출해내지 못했던 발상으로 이끌어낸 신기성의 새로움은 시의 신선함과 충격에 값하게 하는 설득력을 지니고 있는 게 사실이다. 그만큼 의외·당돌·경악과 같은 시적 광채에 값하는 컨시트는 형이상시만이 아닌 시의 생명력이라고 할 수 있다.

김지호 시인이 이러한 관점에서의 형이상시법에 관심했는지, 그리하여 컨시트만이 이끌어낼 수 있는 시의 양극화, 양극화만이 긴장과 대립을 합일시켜 시적 카타르시스를 체험하게 하는 그런 귀한 몫을 자신의 시에 실천하고 싶어 했는지는 알 수 없지만 시를 제시했을 때 시가 대신 답해 줄 것으로 보고 예시해 본다.

　가) 하늘을 바라볼수록 땅은 멀어지고
　　　땅을 바라볼수록 하늘은 멀어지네

하늘 가는 길은 좁아지고

땅으로 가는 길은 넓어지네.

나) 침묵하고 있는 직선의 차도 위로

굉음을 내며 질주하는 차들

수직과 수평의 소리가

침묵을 방해한다

링거수액은 소리 없이 세로로 떨어지고

병실 침대는 가로로 침묵

가로와 세로의 정적을 깨우고

병실 천장을 뚫는

환자의 통곡 소리

수직과 수평의 소리와

가로와 세로의 침묵이 공존하며

세상은 이야기를 엮어 간다.

예시 가)는 「하늘과 땅」의 1, 2연이고, 나)는 첫연이 생략된 「소리와 침묵」이다. 두 예시에서 볼 수 있듯이 양극화가 제시되고 있다. 가)에서의 '땅은 멀어지고'와 '하늘은 멀어지네', '하늘 가는 길은 좁아지고', '땅으로 가는 길은 넓어지네'의 서로 상반된 양극화, 양극화는 서로 이질적 두 요소를 병치시킴으로써 상충·상반의 대립적 갈등을 조장해 긴장과 불안·초조 따위를 체험하게 한다. 그랬다가 이 상반·상충의 두 이질적 요소를 화해로운 관계로 합일시킴으로써 반목과 갈등, 긴장과 불안·초조 따위를 상쇄 내지 이완시킴으로써 카타르시스를 체험하게 하는 시의 묘법이다.

예시 나)에서의 '침묵하고 있는 직선의 차도'와 '굉음을 내며 질주하는 차들'도 서로 상충·상반된 상황을 연출하고 있고, '수직과 수평의 소리', '가로와 세로의 정적을 깨우고'와 '환자의 통곡소리', 그리고 '수직과 수평의 소리와/가로 세로의 침묵'을 상충시킴으로써 긴장을 유발시킨다. 그리고는 긴장과 초조, 불안 따위를 이완 내지 해소함으로써 해방감을 맛보게 해 카타르시스를 체험하게 하는 시적 효용에 값하고 있음을 보여주고 있는데 이 점 양극화의 시법이 거두는 시적 효용이자 설득력이다. 그리고 이러한 양극화는 형이상시인들의 전매특허품으로 자신의 시에 실천했던 시법이기도 하다.

다음에는 역시 형이상시의 언어의 마술이라고 할 수 있는 pun 시편을 제시해 보기로 한다.

가) 참새가 좋아하는 시(枾)
　　난 알지

　　참새야 너는 아니?
　　내가 좋아하는 시(詩)

　　너는 붉은 시
　　나는 글자 시

　　참새와 나는 시를 좋아해서
　　불타는 가을에
　　시(枾)를 먹고
　　시(詩)를 쓴다.

나) 할머니가 영감을 부르신다
　　추억의 정 살아나
　　가신 님 보이지 않아도
　　그리움은 영감을 부른다

나도 영감을 구한다
시로 사랑 전하고 싶어
보이지 않는 하나님께
영감을 주시길 기도한다

할머니의 영감(令監)
하나님의 영감(靈感)
육과 영이다.

 예시 가)는 「시・시」의 전문, 나)는 「영감, 영감」의 전문이다. 예시 가)에서 '참새가 좋아하는 시(柿)'와 '내가 좋아하는 시(詩)'는 앞의 시는 늦가을, 참새 먹이로 몇 알씩 남겨놓은 가지 끝 홍시를 말하고 뒤의 시는 시인이 좋아 즐겨 쓰는 시(詩)다. 일종의 소릿값은 같은데 뜻이 다른 동음이의의 pun이다. 그러한 서로 다른 시가 이번에는 '너는 붉은 시', '나는 글자시'로 색채와 언어를 가미함으로써 정서적 환기력에 기여하게 하고 있다.
 이와 같이 pun은 일종의 언롱(言弄)이라 할 수 있지만 현대시에서는 언어의 요술, 나아가 마술쯤으로 시적 감동에 기여하는 시법이 되어주고 있다. 김지호 시인이 이러한 형이상시법에서 시를 출발시킨 것은 시인이 시법을 알고 자신의 시에 실천한 것인지 우연의 일치인지는 알 수 없으나 다음 시「옥수수」를 제시했을 때 그러한 의문에 대한 답이 되어줄 것으로 보고 예시한다.

    한 꺼풀 두 꺼풀 엷은 섶이 벗겨지면
    숨어 있던 허연 속살이 드러난다

    벗겨지는 순간마다
    수줍음에 가지런한 몸을 사린다

    평생에 단 한번 벗어야 할 겹겹 옷
    스스로는 벗을 줄 모른다

    이슬로 감아 내린 머리카락으로
    앞을 가려봐도
    그마저 삭발해야 한다는 위기의식

    온몸을 누드로 드러낸 식탁에서
    알알이 나타내 보이는 마지막 물음

    내 몸이 괜찮나요?

탐스럽나요?
먹고 싶나요?

발상이 신선하다 할까. 당돌하다 할까. 의외라고나 할까, 어떻든 옥수수에 대한 통념으로는 이끌어낼 수 없는 기발성을 지니고 있다. 이 점에서 김춘수가 피력했던 "관념의 zero 지대에서 새로이 탄생되거나 발견되는 관념"쯤이 되게 되는데 이러한 경우가 컨시트에 값하게 되는 경우다.

옥수수 껍질을 벗긴다. 허연 속살이 드러난다. 벗겨질 때마다 수줍음에 몸을 사린다. 이슬로 감아 내린 머리카락으로 가려봐도 드러날 수밖에 없게 된다. 이걸 앞에 한 식탁에서 "내 몸 괜찮나요?" "탐스럽나요?" "먹고 싶나요?"라고 설의함으로써 옥수수를 통해 관능을 자극하게 함으로써 섹슈얼한 묘한 쾌감을 체험하는데 이것이 다름 아닌 착상의 신선함, 당돌함, 의외성으로 획득하는, 예상을 뒤엎고 체험하게 하는 신기함이다.

이러한 컨시트의 발견으로 미루어보면 김지호 시인이 형이상시법은 우연이라기보다는 스스로의 시에 이를 실천했다는 점에서 형이상시법에서 시를 출발키킨 것으로 이해하게 한다.

둘째 시간의 공간화 또는 변용

김지호 시인의 시집『구멍으로 사는 나무』에서 간과할 수 없는 또하나의 것이 시간의 공간화와 변용의 수법이다. 시간의 공간화는 내면적인 정서나 의식 같은 것들에 외양을 부여했을 때 이루어지는 시적 현상이다. 곧 내면적이고도 정신적인 것들에 형상을 부여함으로써 공간화 한다는 뜻인데 정서의 감각화쯤으로 이해된다. 20세기 이미지스트들의 전유물이었던 시의 형상화가 그것으로서 김지호 시인도 이를 자신의 시에 원용했던 것으로 보여진다. 시를 제시해 본다.

  가) 왼쪽 어깨 위로 너를 올려 놓는다
     왼손으로 너의 목을 어루만지고
     너의 엉덩이에 왼쪽 뺨을 댄다
     나의 오른손으로 너의 심장을
     긴긴 활로 터치한다
     너는 포르티시모로 허공을 날고
     피아니시모로 숨죽인다
     공간을 울리는 너의 황홀한 소리에
     바람도 멈추고 귀를 세운다

하나의 노래에 하나의 울림으로
나는 너의 속으로 빠져든다.

　　　　　나) 뚝
　　　　　뚜욱
　　　　　주루룩
　　　　맑은 액체
　　　　일직선으로
　　　떨어져 휑 하고
　　　풀고 또 풀어봐도
　　멈출 줄 모르는 세균
　　　　　　뚜
　　　　　　!
　　　　　　우
　　　　　　!
　　　　　　욱
　　　　　　!

　예시 가)는 「바이올린 연가」 전문, 나)는 「코감기」의 전문이다. 예시 가)에서는 소리의 물화라고나 할까, 형상이 없는 무형의 것에 형상을 부여함으로써 정서의 감각화가

그러하듯 소리를 공간에서 체험하게 하는 시의 형상화에 기여하고 있음을 보여주고 있다.

  시 전반부에서는 바이올리니스트가 연주하기 위해 바이올린을 어깨 위에 올려놓는 포즈로 형상화를 유도한다. 그래 놓고는 ff의 강렬음으로 허공을 날게 함으로써 소리가 날개로 변형되고 pp로 저음화함으로써 숨을 죽이게 하는 강약의 현 고르기로 소리가 살아 움직이는 동태적(動態的) 사물화로 변신한다. 그뿐인가. 바람의 귀를 세우게도 하고 '나를' '나의' 속으로 빠져들어 가는 합일의 경지에 이르게 해주고 있다.

  주지하다시피 20세기는 공간의 시대다. 평면이 아닌 입체적 시대, 단독주택의 평면성이 APT라는 입체성으로 대체된 시대다. 정서나 소리, 내면의식 같은 것들도 형상을 갖춘 공간에 제시함으로써 설득을 지니게 되는 그러한 시대다. 김지호 시인도 이를 인식하고 시를 출발시킨 것으로 이해된다.

  예시 나)는 컨시트에 값할 만큼 기발성의 착상을 보여주고 있다. 코감기의 특성은 코를 흘리는 알레르기성 비염이다. 시도 때도 없이 주르륵 주르륵 콧물을 흘리기 마련이다. 이를 도형화한 것이 예시 나)다. 재미있는 구성이다. 1행에서 8행까지는 코를 연상시키는 이미지로 재구성하고 있고, 8에서 14행까지는 콧물이 뚝뚝 떨어지는 형상으로 도형화하고 있는데 두 가지 해석이 가능할 듯싶다. 하나는 코감기를 형상으로 보여주고, 다른 하나는 콧물을 뚝뚝 떨어뜨리는 실제 이미지로 보여주고 있다는 점이다. 도형도 그럴 듯하지만 발상도 신선하고 시각적 설득력도 획득하고 있는 것으로 보여진다.

셋째 교의적 신앙지양과 자각요구

김지호 시인은 독실한 기독교 신자다. 어쩌면 신앙 외의 분야에는 별 관심이 없는 것처럼 보이기도 하고, 동시에 의미부여에 인색한 것 같이 보이기도 할 정도이니 독실한 기독신자라 할 수 있다. 독실한 신자일수록 교의에 따르고, 충실하고, 실천하며 신앙의 길을 걷기 마련이다. 그래서 기독교 신자들의 시편이 노출하는 한 단면이 신앙고백적 신앙적 발원, 기도, 찬양과 같은 교의적 충실을 보람으로 알고 실천하고 실현하기 마련이게 된다.

김지호 시인의 꽤 많은 시편들에서도 이러한 신앙의 속성이랄까? 고정화랄까 하는 교의적 충실을 읽게 해주고 있다. 그런데 그러지 않은 시편이 있어 제시해 본다.

세상기류 흐르는 속도에 따라
믿음의 강산도 옛 모습이 아니다

진리로 출렁이던 방주는
세풍으로 거칠게 풍랑이 일고

구멍 난 낙엽의 병폐와 같이
공허한 구멍을 안고 가는 늪지대

뜨겁던 가슴은 마비되고
감각을 잃은 무쇠가 되어 움직일 줄 모르고

사랑으로 데우던 가슴은
목소리만 크게 외치는 녹음기가 되어
말씀 중심 하나님 중심의 이론은
세상과의 혼재로 뾰족해 간다

통회와 긍휼의 눈물
감사의 눈물은 사라지고
장신구처럼 매달린 눈물샘

말씀이 육신이 되신 그분은
불변의 진리로 오실 날 가까운데
홍진(紅塵)의 그늘 속에 묻힌
믿음의 막대그래프는 뚝 떨어진다.

예시는 「믿음의 막대그래프」 전문이다. '믿음의 막대그래프'는 신앙심의 척도로 사용되는 그래프쯤으로 이해된다. 독실한 신앙인이라면 그래프에는 눈금의 한계를 초월해야 온당하다. 헌데 요즘 세상은 세태에 따라 세상의 흐름에 따라 '믿음의 강산도 옛 모습'이 아닌 탈신앙의 시대를 연출하기도 한다. 그래서 '진리로 출렁이던 방주'가 '풀장'을 맞기도 하고 '공허한 구멍'을 안고 가는 '늪지대'가 되기도 한다. 하여 '뜨겁던 가슴은 마비되고' '무쇠가슴은 움직일 줄을 모르는' 비정의 시대가 되어가고 있다. 뿐인가. 사랑으로 태우던 가슴의 소리가 아닌 복음마저 녹음기가 되는 그런 비정의 시대가 되어가고 있다.

이러한 신앙에 대한 그래프를 통한 풀이로 보면 교의에 역행하는 신앙에 대한 질책일 수도, 비탄과 교정의 소리일 수도 있게 된다. 곧 신앙에 대한 자각이자 비판이면서 교의에 대한 모독을 통해 신앙의 신성을 외치고 있는 것이 된다. 그렇다, 김지호 시인이 함성으로 말하는 것은 아니다.

'믿음의 막대그래프'로 에둘러 진술함으로써 교인의 신앙에 상처를 주지 않기 위한 배려를 읽을 수 있게 해주고 있다.

결어

끝으로 결론을 제시해야 할 것 같다. 김지호 시인의 이번 시집 『구멍을 안고 사는 나무』는 한마디로 다양한 시법의 시도와 시적 모색으로 집약, 제시될 수 있을 것으로 본다. 외곬으로 파고드는 것도 천착에 값하겠지만 다양성을 염두에 두면서 여러 시법을 스스로의 시로써 실험함으로써 시적 길잡이가 되는 것도 바람직한 태도라고 본다. 시집 출간에 박수를 보낸다.

구멍을 안고 사는 나무

2022년 8월 1일 인쇄
2022년 8월 8일 발행

지은이 / 김지호
발행인 / 박진환
펴낸곳 / 조선문학사
등록번호 / 1-2733
주소 / 03730 서울 서대문구 통일로 389(홍제동)
대표전화 / 02-730-2255
팩스 / 02-723-9373
E-mail / chosunmh2@daum.net

ISBN 979-11-6354-082-3

정가 10,000원

* 인지는 저자와 합의 하에 생략
* 잘못된 책은 서점에서 교환해 드립니다.